김원용 시집

장미꽃 옆 강물

책펴낸열린시

• 본 도서는 2025년 예술원복지재단의 지원을 받았습니다.

가슴에 내리는 시 157

장미꽃 옆 강물

지은이 김원용
펴낸이 최명자

펴낸곳 책펴냄열린시
주소 (48932)부산광역시 중구 동광길 11, 203호
전화 010-4212-3648
출판등록번호 제1999-000002호
출판등록일 1991년 2월 4일

인쇄일 2025년 7월 08일
발행일 2025년 7월 10일

ⓒ김원용, 2025. Busan Korea
값 12,000원

ISBN 979-11-94939-02-3 03810

• 저자와 협의하여 인지를 붙이지 않습니다.
• 잘 못된 책은 바꿔 드립니다.
• 이 책의 내용 중 일부 또는 전부를 저자 및 출판사의 동의없이 사용하지 못합니다.

강가에 장미꽃
입술에 쌓인 연분홍빛이
빨갛게 익은 향기로 강물 밝히고 있다
날 데려가라고
강물은 모른 척 흘러간다

김원용(金元鏞)시인
아호 愛林
함경남도 출생
2009년 《文藝春秋》 등단
한국문인협회, 부산가톨릭문협회원, (사)부산문인협회 시분과 위원장 역임
금정구문인협회 회장역임, (현)새부산시인협회 회장
(사)부산시인협회 우수상(2016년) (사)부산문인협회 우수상(2017년)
백호(임제)문학 대상(2017년), 부산가톨릭문인협회 우수상(2020년)
부산문인협회 부산문학상 대상(2024년)
시집: 「내 마음의 홍등」, 「크산티페(Xanthippe)」, 「날아다니는 포옹」, 「난분분 바람」, 「그러니까 먼로」
e-mail : kwyground@hanmail.net
phon : 010 7390 5895

□ 시인의 말

눈뜨는 아침입니다
아프로디테의 은방울 손이 눈가에 머물고
모나리자 눈빛과 마주칩니다
여는 때처럼 꿈틀거리는 팔다리
숨 쉴 수 있음에 하느님에게 감사기도를 드립니다
별똥별은, 햇살은 서산으로 넘어가도
비 오는 날에도 품에 안겨 있습니다

2025년 오월 끝날을 보내며
김원용

시인의 말…5
목차…6

제 1 부

거울…13
고요를 타고 오다…14
골방…16
국화향…17
까만 바다…18
꼴의 값…19
꽃사슴…20
나, 붉은 장미야…21
나는 모래알…22
물든 잎새…23
갇힌 문…24
아야…25
와인, 울고 있다…26
눈사람…27
어두운 접촉…28
간이역 상사화…30
강의실 선풍기…32
깊은 만남…33
계절 없는 여인…34
낯선 표정…36

제 2 부

노을빛…39
눈, 수난 시대…40
누렁탱이 호박…42
눈동자 속 그대…43
동아줄…44
꽃잠…46
눈빛 끝자락…48
봄 스캔…49
봄까치꽃…50
생일에…52
엄마 생각…53
엉덩방아…54
육교에 고사리…55
장미꽃 옆 강물…56
청어…57
춤추는 전봇대…58
하고 싶다…59
횡보…60
곁에 누가…61
아침 기도…62
궁핍한 눈빛…63
구월 비…64

제 3 부

그믐달빛 그늘에 젖다…67
나, 다시 그대를 볼 수 있으려나…68
놓친 휴가…70
물려받은 의자…71
벼랑 끝에도 신이 있다고…72
바람 멍…74
서녘 하늘-인생길…75
붕어 입질…76
사월의 배꼽…77
섬사랑…78
아르테미스…79
업스커트…80
7942…81
위층 1004호…82
외면…84
유년 시절…85
폭삭…86
하늘로 가는…88

제 4 부

8월 해무…91
그림자 사랑…92
꽈리고추…93
달콤한 눈물…94
손안에 여자…95
외딴섬…96
가슴앓이…97
파라다이스 온천…98
사꾸라…99
낮달맞이꽃…100
매미 울다…101
거리두기…102
억동리 동화…104
가버린…105
불나방…106
참새 한 마리…107
팡팡…108
침실 모나리자…109
희아리…110

〈해설〉 끝나지 않은 사랑-강영환…111

제 **1** 부

거울

닦아도 미세먼지는 변함이 없다
아니야,
거울 속으로 들어가야지
앳된 얼굴은 아니어도
부드러운 실선이 말해주잖아
한 번 더 거울을 닦는다
선한 눈빛으로 사로잡고 있다
연분홍빛 입술은 아니어도
입맞춤 훔치고 싶다
언제 내 모습이 저랬듯이
거울 속 헬기장 정수리로
얼굴 곳곳에 붙어있는 낡은 빨래판
다름질해도 젊음을 되찾을 수 없다 해도
웬, 걱정 아닌 걱정을 하랴
보름달보다 훤한
딸기 맛 사랑이 있다는 걸
가슴에 숨겨 놓았잖아
모르는 사람 있으면 어때
그 사람도 이런 내 마음 알고 있잖아

고요를 타고 오다

"그때까지 살라고"

싫지 않을 목소리
떠올리기만 해도 가슴에 닿는다
벚꽃 필 무렵에 어디로 간들
내 곁에 머물러준다
연잎이 햇살을 덮을 즈음에
시야는 좁혀와
지하철 탈 때 엘리베이터를 찾는다
갈참나무잎 밟고 옷깃을 세우는
얼음꽃 피는 밤
호랑이 이불에 온몸을 감싼다
꿈결에서도 소주에 물든 입술은
손 흔들며 내뱉은

"다음번 내가 쏠게"

그럴 때마다 고요 속 스며오는

"그때까지 살라고"

앞가슴 튕기며 눈웃음 보낸다

골방

새각시 살결로 찾아온 이불
한 철 보내니
멀어져 버린 빛에 움츠려있다
겉치레 인사를
분홍빛으로 포장한 눈망울이 아프다
울타리 밖 뒹굴던 숨죽은 은행잎
쇼팽의 '겨울바람' 따라가고 있다
식탁 저편에 까맣게 뭉개있어도
올겨울도 하늘 장판 위에서 뒹굴거다
몇 해는 훌쩍 지나고
해마다 서너 번 안부 문자 오갈 뿐
골방으로 이사 왔을 때 얼굴은
좋은 날 핑계로 찾아가야만
일 년에 한 번 볼 수 있다
을씨년스런 섣달그믐
그곳에 감긴 눈 뜨지 못한다

국화향

꽉 다문 입술로 전하지 못한 국화향
갈바람에 안겨
햇살보다 예쁜 미소로 답한다
헤어나질 못할 향에 빠져버린
벌 한 마리 고개 들지 못한다
노란 향기는 꽃에만 있는 게 아니잖아
곁에 날아와도 입술을 닫아놓고
느끼려고 하지도 않은 채
그냥 흘려버린 후에야
사랑한다는 말 안 했다고
갈바람에 삿대질한다
향기는 꽃밭을 떠나지 않는다

까만 바다

겨울밤에 실려 온 눈송이 춤사위에
까만 바다 고개 저으며
내 유리창을 토닥인다
웬일이냐고?
변하는 건 나만 하는 줄 알았는데
비누향기 지나간 자리
하얀 물침대 위
까만 바다가 널브러져 있다

동트기 전 해운대 해변 사우나에서
눈꺼풀에 매달려
눈송이로 변하지 못한 파도
어둠이 흐려지고
바다는 검은색을 버린 얼굴로 반짝인다
비누 거품 스쳐간 자리
말갛게 웃는 팔다리
아침햇살 빨갛게 살아난다

꼴의 값

실타래 풀려있는 짧은 청바지
숫눈길 닿기 전
엉덩이 비춰 나와
들여다보라 바람이 스쳐 간다

무릎을 감싼 가죽 부츠는
퇴근길 지하철에서
다리를 꼬고 앉는다
치마는 어디로 갔는지

삭풍 불면 어때서
배꼽 드러낸
분홍빛 밍크 차림이잖아
룸 렌즈 속 눈총받고 싶다고

계절 없는 차림이라 해도
어깨끈 흘러내린
앞동산에
가을 햇살이 더듬고 있다

꽃사슴

자동차 전조등 불빛 속에 갇힌 그대
치마 끝자락에서
실오라기 하나 잡으려고
꿈에서도 전화기를 놓지 않는다
엉덩이 씹은 옷을 남기고
돌아 가버린 짧은 머리
자스민 향을 끄집어낸다
바닷가 참새랑 조잘대며 놀았는지
샘이나 처진 어깨로 눈시울 붉힌다
어쩌다 이렇게까지 변해버린 건지
달포 지난 후
카톡마저 바닷물에 던졌다
엊그제부터 없는 번호라고 뜬다
그대 유리창 불빛은 변함없다
찾아갈 수 없는 사랑이란 게
다시 카톡에 깃들 수 있으려나

나, 붉은 장미야

그대 곁으로 가는 길
얼굴 붉히며
간들바람이 투덜거려도
다문 입술 열고 장미 향 날리며 다가선다

너처럼
꽃잎 하나, 하나 날리는 건 아니지
너에게 빠져들면
빨갛게 물든 뺨으로
모가지 채 아낌없이 주고 말잖아

"왜, 덜 익은 분홍빛이냐"

그러니까 사이비 소리 듣지
난, 말이야
지금도 붉어진 얼굴로
울타리 밖으로 목 내밀고 있거든

나는 모래알

어둠으로 달려가고 있다
말없이 광안리 해변에 밀려왔다
바닷물 속보다 차가운 비바람에
젖무덤인양 모래에 파묻혀 있다
팔다리는 물론 눈동자 없지만
온몸으로 느낄 수 있다
겨울이라는 것
어느 먼 곳에서 밀려와 이곳에 왔는지
얼 만큼 깊게 파묻혀 있는지
어둠이 걷히며 햇살이 스며든다
파도가 밀려와 덮친다
나는 해변에서 외톨이로 밀려와
가로수 밑으로 왔다
몸은 점점 작아져 홀로 살 수 없다
어떤 누구는
아파트 벽 속 숨도 쉴 수 없어 죽어간다
나는 눈 속에 파묻힌다

물든 잎새

찰나를 위해
책갈피 속에서 숨 쉬었나 봐
입맞춤할까 봐
빨갛게 웃는 남실바람으로
가슴을 전하려고 달려든다
첫사랑 풋풋함을 터뜨리며
섬진강을 넘어간
볼우물 고운 순이 모습으로
눈동자를 크게 뜨게 한다
두 손을 뻗어본다
바람을 가르지 못한 채 뒹굴고 있다
겨울 나그네로
저물녘 가로등 불빛에 답하며
그리고 또,
스무 살 지났어도
가슴에 책갈피로 남겠지

갇힌 문

왜, 그러느냐고 물어보려고 했건만
어둠 속 한 조각 별빛마저 들어갈 수 없다
속을 뒤집어봐도 떠오를 게 없어
가슴만 태우는 사랑은
하얗게 태운 눈물을 끄집어낸다
겨울밤에도 해바라기로 머물러 있는데
달포 지났어도
잊어버린 문자는 지구밖을 맴돌고 있다
귓밥 퍼낸 귓속으로 윗바람만 뒤집고 들어온다
행여나
눈짓이라도 얻을 수 있으면 하는 바람은
그녀 손길보다 따뜻했다
알 수 없을 그녀 가슴이라면 어땠을까?
생라면 씹으며 홀로 되물어본다
박수받을 수 없을 사랑 때문만은 아닐 거라고
철문도 봄눈 되어 녹을 수 있으려나

아야

연지 발랐어도 내뱉는
쇠붙이 끓는 눈송이 목소리 변함없다
바이러스 때문도 아닌데
주변 사람들 전두엽을 갉아버리고
귓속까지 후벼놓는다
어느 때같이 잠자리 눈이 되어
들쥐 앞에 고양이 모습으로
구름 위 사슴 목으로
토끼 귀는 토성에 안테나를 세운다
키보다 큰 가슴으로
솥뚜껑보다 무거운 엉덩이 앞에
숨겨놓은 도토리를 잊은 채
또 다른 먹잇감을 찾아 두리번거린다
바람조차 머물지 못하는 곳에서

와인, 울고 있다
—허심청에서

발 디딜 곳 없다
설날을 맞이한 가족 틈에 홀로 느낌

심속 히말라야 탕 속에
두 발을 담근다
빨갛게 물든

안개 덮인 볼에 와인이 흐른다

도심속 알몸
노천탕 갈대 위로 눈발 휘날린다
돌바위 바닥에 취한 건지
겨울바람이
눈 속에 머문 눈송이를 다독인다
나는 와인 품에 안겨 운다

눈사람

기다리는 알몸이 누워 있다
숨소리는 귀에 머물러 있는데
손가락은 움직이지 않는다
눈빛은 행성을 돌고 나는
눈 쌓인 마당에서 눈사람을 만든다
눈썹 아래 눈동자까지 그려 넣고
입술도 빨갛게 그려 놓았는데
보이는 건 하얗게 쌓인 눈두덩뿐이다
웃으면서, 알몸은
뭘 그렇게 깊게 보고만 있냐고?
만져보고 싶으면 따뜻한 손으로
물이 될 때까지 떼지 말고
옷이라도 걸쳐두고 싶으면
눈으로만 말고 손으로 가져가라고
점점 더 충혈되어 보이지 않는다
나는 눈사람 머릿속에서 헤매고

어두운 접촉

구름을 몰고 아침이 은행잎 밟고 있다
햇살을 뭉개버리는
잘 익은 호박 엉덩이 흔들며
들큼한 냄새를 지워버린다
단풍으로 가득한
잠자리 눈으로
운전석 문을 토닥인다

"C8 잡놈이 차선을 침범했잖아"

목화 빛 목덜미까지 눈에 덮힌 그녀
가뿐 숨결에
찰랑한 가슴이 에스컬레이터를 타고 오른다

"어째서 늘 당하기만 하냐"
"몰라, 이놈에 차 원래 이런가 봐"

안기는 즐거움에 길들어졌다고
사철 내내 운전석에 장작을 태운다

십 년을 얹혀 탓지만
내 눈 속에
별빛은 대낮에도 보인다
12두 1869

간이역 상사화

우물 속에서 허덕인다
홑이불로 덮혀있는 동영상을 훑으며
흐트러진 머릿결이 아닌데도
달라붙은 갈꽃을
멋적은 척 왼손으로 만지고 있다
눈언저리 훔칠 때마다
두 눈과 콧속에
빨갛게 태워진 뺨에도 젖은 그림을 그린다
떠날 때만이라도
뜨겁게 타버린 잿더미로 남았으면 했다
목, 갈라지는 울부짖음에도
돌계단을 내려가는 엉덩이는
기울어진 하트를 만들며 뒤틀고 있다
당겨서 품에 안아봐도
오래전부터 달아난 그림자였어
왜, 다들 떠나려고 발버둥 치는 거냐고
없어질 간이역쯤으로 덤벼든 건지
아니야, 처음부터 그랬나 봐
어쩌면, 젓가락이 찬 맛을 모른다며

여 저기 기웃거린 건 아닌지
저물녘 함박눈이 창을 덮고 있다

강의실 선풍기

기침 소리에 별들이 쏟아진다
참새는 강의실을 화장실로 만들어 놓는다
어정쩡한 참새 타령은
조선 시대에도 춘화가 있었다
사진작가는 알몸 여체를 현상하잖아
밀러의 비너스 조각은 어떻고
화가들은 작품에 당당하잖아
소설가는
강간을 현미경으로 들여다 보잖아
작품 속에 손톱까지 숨겨놓은 채
뒷짐 지고 있으면서
시인들은 어둠에서 나오지 않는다
양반인 척 수염 없는 턱을 만지고 있다
자갈치 아지매도
연잎으로 감싼 보살도
보름달 입술 여인도
식물도감 박사도
몸빼 여인까지 갈 길을 알고 있잖아
구석진 빈 좌석에 선풍기만 쳐다본다

깊은 만남

갈대 누워있는 하늘 천장
허심청 야외 의자에 기댄 채 올려다본다
웅크린 하늘에서 빗방울 흩어지고
물든 은행잎 바람에 안겨
그녀 목소리를 전한다
쉬는 숨 힘들게 달려드는 찜질방
휴일이라 발 놓을 곳 없다
달려드는 눈치쯤이야,
별거 아니라는 듯
팔 벌려 목침을 잡고 있다
땀방울에 무거워진 찜질복
팔에 걸려있는 숫자는 69
이건 뭐냐,
내 팔에 숫자는 96
젖은 가슴에 눈길 멈추고
벌겋게 탄 손을 잡고 찜질방을 나선다

계절 없는 여인

 명절 때만 미장원에 갈 뿐이다 물론 지독한 곱슬 머리 때문이지만 사치라는 건 찾아볼 수 없는 일바지를 즐겨 입는다 입술연지는 평소엔 바르지도 않고 있지만 늘 볼 수 있는 행동이라 다들 그런 사람으로 알고 있다 어쩌다 화장한 모습을 보면 오히려 예전 보다 어울리지 않는다 벌어진 어깨에 볼록한 코에 광대뼈까지 나온 모습이 남자보다 더 남자 같이 보이니까 어쩌다 목소리를 들을 때에는 모르는 사람은 영락없는 남자로 착각한다 겉모습은 그렇지만 동네에서는 착한 여인이라고 칭찬이 돌고 돈다 바람둥이 철없는 남편은 술타령에 집안일마저 뒷전으로 모른 척 놀음판에서 살고 있다 때로는 남편으로부터 주먹질이 오가고 피투성이 모습을 골목시장에서 자주 보는 일도 있다 그녀는 난전에서 채소를 팔면서 어린아이 둘을 돌보고 있다 그랬던 그녀는 점점 말라가고 목소리마저 기어들어 가고 힘마저 없어 보이지만 비 오는 궂은날에도 난전에서 채소를 팔고 있다 어느 날부터 그녀는 골목시장에서 볼 수가 없어 사람들 입에서 잊혀질 무렵 그 망나니 남편이 덥수룩하게 자란 코밑에 수염을 달고 어수룩한 모습으로 채소가게에 코 흘리는 어린아이 둘과 함

께 얼굴을 내밀고 있다 오가는 사람들에 입방아 소리를 들으면서

낯선 표정

키 낮은 구두 엉덩이 흔들며 지나간다
고개 저으며
크게 뜬 눈을 문지른다
곱슬머리에 쟈스민 향
하늘 닿도록 지나도 묻혀버릴 수 없는 모습
앞으로 달려가 본다
걷힌 안개 속
쌍꺼풀 없는 여인이 낯선 표정이다

'실눈이잖아'

에고,
이러다 돌아버리겠다
이젠 벗어날 때도 지났잖아
왜,
다람쥐 쳇바퀴 도냐고
뒷덜미를 잡아당기는 눈총에 뒤돌아 본다
하늘이 내려 앉아있다

제 2 부

노을빛

변할 줄 알면서도
노을보다 멋진 눈은 없을 거라고 했다
앞가슴이 전부인 순이처럼
앙칼진 용트림도 다리 사이에 움켜놓고
서툴게 연극을 펼치며
순간에 취한 알콜에서 벗어날 수 없게 했다
그게 사랑이 아니라는 걸 알지 못하고
배꼽을 훔친 것으로
아침부터 저녁까지
하늘 전부를 가졌다고 믿었다
껴안고 싶다고 하면서도
앞가슴 속을 볼 수 없듯이 동여맸다
엉큼하게
달려드는 입술에 장단을 맞춰준 것뿐이라며
빨갛게 덧칠한 입술연지에서
몹쓸 입술을 숨겨놓고 떠난 그녀 모습이다
노을을 볼 때마다
품속에 펼쳐놓은 별 없는 하늘을 본다

눈, 수난 시대

영도 자갈마당
파도에 얹힌 회오리바람 달려든다
치마는 배꼽을 타고
앞가슴도 머리카락도 하늘로 솟는다
한순간에
벌거벗은 여인이 되어 서 있다
파도에 젖은
옷자락 달라붙은 모습을 감싸 주었는데
미세먼지로 둘러친 눈동자 앞에
조개 굽는 할머니만 연탄불 앞에 있을 뿐
조금 전 그 여인은 어디에도 없다
눈을 비벼봐도
썰물 지난 파도만 찰랑인다
말간 낮에 헛것을 보다니
상상에 나래를 펴도 달라질 건 없는데
가끔은 바닷가에만 오면
벗은 여인들만 눈에 들여놓는다
아니지, 어디에든
멀어져가는 시력을 잡으려 애쓰는 거야

예전에 이곳에서 주름치마와 함께
여름밤을 보낸 시간을 되새김하며
밀려드는 파도 소리에 취해본다
파도는 칠 거고
눈동자는 더 맑아지겠지

누렁탱이 호박

그녀 엉덩이보다 잘 익은
누렁 호박 담을 넘어왔다
꽃필 무렵부터
이웃집 사랑방을 기웃거렸다
흔들리는 앞동산 들고 웃어주던 호박꽃
갈라진 엉덩이와 함께
누렇게 달아오른 채 뒤틀고 있다
엉덩이가 전부인 그녀가
들큰한 냄새를 밀치며
탕탕한 오줌발로
가마솥 뚜껑을 밀쳐내려 힘쓴다
간밤에 입술 깨물며
달려들던 누렁 엉덩이
무쇠솥 안에서 끓고 있다

눈동자 속 그대

한쪽 눈 없는 남자
구름 속 흰 가운에 꽂힌
빨간 볼펜 따라 눈동자를 굴린다
부산대병원 안과
5번 진료실 문 열고 나온다
비에 젖은 우산도 줄 서 있는 복도
차례를 찾는 스피커는 아침 자갈치다
안대 풀어놓은 눈동자
아직은 실내등 불빛 흐릿하다
하룻밤 사이에
밝게 보이는 건 아니지만
복도 끝에서부터
발걸음 속 굽 높은 구두 소리
커진 초점에 잡혀든다
햇살까지 받으면 눈동자 타버리겠지
엘리베이터 앞 붉은 그녀가 서 있다

동아줄

붉은색이 돋보이는 진단서
놀란 눈으로 본다
안 좋은 거냐고,
눈빛으로 물어보기 전
고개를 끄덕인다
이젠, 그녀 곁으로 가는가 보다
눈을 뜬다
얼굴 지워진 의사와 수술실 선명하다
잡은 동아줄에 목이 감겨져
허공에서 바둥거린다

"왜, 오는데"

칼질한 목소리에 줄이 끊어지고
허공에서 바닷물 속으로 떨어진다
똑같은 말에 물 위로 솟구쳐 오른다

"오지 말라고 했잖아"

귓속에서 맴돈다
하늘궁전 그렇게도 좋은 걸까
눈두덩이에 짭짤함이 손등에 앉는다

꽃잠

실바람 한가락 없는 눈 쌓인 길
치마 안자락 밀며
허벅지를 눈밭 위에 그려놓는다
눈언저리를 훔치는 손등
함박눈 머리에 얹고
굽 높은 구두는
첼로 소리를 튕기며 운다
어두운 건물그림자 한켠
말린 꽁치처럼 묶여있는 낡은 가옥
삐꺽,
회색 쪽문 답한다
침침 해져오는 눈
말간 다리를 보는 순간
생쥐 잡으려는 고양이 눈빛이다
와락,
앉은뱅이책상은
홑이불 끌어안고 꽃잠을 잔다
찢겨나간 비닐 창틈으로
이따금,

골목을 덮은 눈길에서
낮게 깔린 발걸음 소리뿐
눈은 내리고

눈빛 끝자락

코드 빠진 가로등 아래
젖은 은행잎에
갈라진 단풍잎 하나 포개져 있다
목청 나간 비릿한 바람이
입술 삐쭉거린다. 떨어지라고

이따금,
아스팔트 씹고 가는 전조등 때문에
붉은 눈빛은
구름 위로 날아간다
숨 쉬는 어둠에서
은행잎 그리고 단풍잎 하나
눈 속에 와 닿는다

건너편
목마른 가로등 물고 있는
개 한 마리 다리를 들고 있다

봄 스캔

눈 덮인 벌판은
걸치고 있는 롱패딩에 부츠까지 벗겼다
테니스 치마 밑
눈 속을 뚫고 있는 파릇함
잡힐 게 없는 치맛자락을 움켜 쥐고
가야금 울려 퍼지는
유리창밖에 서 있다
토끼 눈앞 자투리 꽃밭에는
분홍빛을 날리는 참꽃이 피어있다
봄 오기 전
얼굴 내밀고 싶었나 보다
내 흐릿한 눈동자에 전등 불빛이 덮치고
하얀 가운과 함께
간호복 차림 앳된 눈동자에 잡혀
외딴 병실에서 전두엽을 감싸고 있다
안드로메다로 향한 열차 속
링거액을 맞으며
발가벗은 참꽃에서 빠져나오려고 애쓴다
새벽녘 응급실에 실려 온 기억을 더듬는다

봄까치꽃

붉은 카펫 깔아놓은 명동성전
촛농은 향불 따라 영정에 앉아있다

+기도합시다
"하느님을 믿고 살다간
 이 영혼을 아버지 손에 맡기나이다"

김 베드로 장례미사에는
동대신성당 레지오 단원은 보이지 않는다
꿈속에 벗들도
몸담았던 동호회원들
국화 한 송이 떨어뜨리고 멀어져가는 모습도 없다
아들 친구들 붐비는 시간
하얀 새가 되어 하늘로 날아올라
그리웠던 사람 냄새 맡으면
어둠과 별빛이 어우러져 외롭지 않겠지

"포옹할 수 있도록,"

늦게 소식 접한 그녀는 말했을 거야

성탄전야에 묻힌 밤
외따로 떨어진 방에 널브러진 빈 병
A4용지 앞뒷면 깨알로 프린트된 글자뿐
보일러는 꺼져있고
며칠 전 보내온 호랑이 이불속에서
알몸으로
잠든 지 얼마나 있었을까
봄 오기 전 하늘로 가고 싶다고
그늘진 자투리땅에 봄까치꽃 피웠네

눈물 떨어지는 대포알 소리
관속에서
숨 쉬는 아침 햇살에 눈뜰 수 있으려나?
죽어서 부활한다

생일에

말간 낮부터 술에 취한 순간

눈을 비벼도
상 위 케이크에 촛불이 없다

귀를 후벼도
폭죽 소리 축하 노래 들리지 않는다

종아리 꼬집어도
내 파랑새, 고봉밥에 미역국을 담고 있다

핑하고 돌아앉은 눈덩이에 멍 자국 숨어있다

놀란, 내 손은 여태 붉으락

엄마 생각

ㄱ 자가 눈앞에서 하늘 향하여 허리를 편다
거미줄 입술을 다물며
거북등 얼굴로 눈동자를 굴린다
바라보는 눈빛이 어린아이 손바닥이다
그녀는 비워놓은 좌석에
겹겹이 포장한 까만 비닐로 덮은 상자를
보석함처럼 끌어안고 있다
어디선가 많이 맡아온 냄새
에어컨 바람을 타고 전동차를 달리게 한다
묵은지,
된장 냄새까지 후벼 놓는다
눈시울 따뜻한 한 순간을 당겨본다

엉덩방아

봄비는 잠도 없나 봐
가로등 얼굴을 씻고 있다
도시철도 서면역 9번 출구 에스컬레이터
우산은 접혀있어도 봄비는 운다
맞은 편에서
빛을 쏘면서 달려오는 허벅다리
눈동자는 끌려가고
젖은 바닥을 밟고 있는 젖은 운동화
구름 속에서 지구는 돌고
엉덩방아로 청바지는 찢어지고
찰나에 아픔은 창피함을 덮고 있다
몰려든 사람들 틈에서
앞가슴 내밀고 있는
날아 가버린 치마 속으로 눈이 빨려든다

육교에 고사리

온천장역 육교
싸락비 흩날리며 운다
깡통 의자에 앉은 고사리가 고사리를 챙긴다
손등에 얹힌 산모퉁이
손안에 구겨놓은 푸른 돈 한 장
등 꾸부린 할머니와 고사리
누구를 팔고 있는지
구석진 바닥에 뭉개진 까만 비닐봉지
육교 아래 두 팔 벌린다

"몽땅 갖고 가이소, 아지매"

고사리, 허리를 펴고 흔든다

장미꽃 옆 강물

눈이 닿은 수평선에서 시작한 미소
강물 위 울림으로 속삭인다
어디로 흘러가느냐고
속내 물어보면 어떻게 답하느냐
끝은 보이지 않잖아
비바람 몰아쳐도 손잡고 흐를 뿐
강가에 장미꽃
입술에 쌓인 연분홍빛이
빨갛게 익은 향기로 강물 밝히고 있다
날 데려가라고
강물은 모른 척 흘러간다
햇살은 저만치 서산으로 갈 뿐
꽃은 시들어도 다시 필 거야

청어

밤꽃이
뒤틀린 신음으로
콧속을 후벼놓고 가슴을 짓누른다

망할 자식
뒤집혀 죽어가면서도
꼴값 떨잖아

누가,
네게 구걸이라도 할까 봐

꼴뚜기보다 못한 사랑이라는 게
바다에서
하늘까지 올라와 놀아날 줄 알았냐
의뭉하게 가시는
왜, 품고 사냐고

춤추는 전봇대
—충치

빠져나오려고 흔들린다
멀미쯤이야
아픈 바람 드나들 때마다 시리도록
머리카락은 하늘로 날아가고
이러다 말겠지 하는 기대감으로
제자리에 있기를 혀끝으로 뭉갠다
몇 남지 않을 소중함에서
빠져나올 그대를
혓바닥으로 감싼다
다른 위성으로 갈 때까지
머물러 주기를 바랄 뿐
기도한다고 한들
공기 스치는 건 막을 수 없잖아
입 다물고 있을 수도 없고
새롭게 들어선 금빛 사이에서 외로웠나 봐
그대 빠진 자리에서
아픔을 찍어내려고 준비하는 걸까
입술 다물면
잠들 무렵까지 붙어 있으려나

하고 싶다

있잖아, 다시 하고 싶다
카톡에 앉은 잎새 하나 때문에
토라질 필요는 없거든
잎새는 타버린 지 오래잖아
벌겋게 타오르는 얼굴로 올려다본다
둥근 앞가슴 찰랑인다
두 손을 뻗어봐도
뒷걸음으로 토라진 참새는
젖은 날개를 펴고 날아간다
독약에 중독된 사랑이란 게
이렇게 만든 어둠이라고
눈빛으로 말을 걸어온다
쓰나미로 덮쳐올 아픈 헤어짐
다시 시작하고 싶다며
바람 채운 풍등을 흔들고 있다
말 없는 안타까움 뿐
참새는 떠난 지 오래이건만
그는 오늘 밤도
돌고래로 한 눈으로 잠든다

횡보

난간을 잡고 발바닥 쓸며 오른다
어깨는 하늘을 짊어지고
눈동자에 파도를 넣고
가슴은 가쁜 숨결로 고개를 들라한다
걸음걸이 반세기
무릎에서 물렁뼈 갉아 먹는 소리
벌써,
들려오면 우짜노
외동딸 예식장 들어갈 때까지라도
공기 속에서
무거운 목소리로 귀를 뚫는다
오지 말라고 했잖아
눈알 붉힌다
한 걸음 한 걸음 숨 가쁜 순간순간
들녘 바람 밀어준다

곁에 누가

잇몸이 물고 있는 거즈를 빼어 낸다
뱃속에서 신호음 들리고
창밖에 어둠이 흩어진다
앉은뱅이 밥상 위
병원에서 받은 죽그릇이 반긴다
일회용에 담긴 소고기 조림
물김치도
새벽이슬 스치고 간 눈동자를 다독인다

"샘, 와 안 오세요"

천사의 목소리 하늘벽을 헤친다
시베리아 벌판에서
깃발을 흔들어도 아무도 보지 못했는데
이상한 바람이 분다
제길 할,
몇 마디
저러쿵, 이러쿵에도
밀물 썰물 입안에서 파도친다

아침 기도

무릎 꿇고 기도를 드립니다
아침햇살 아래
잠든 모습으로 하늘을 맞이하고 싶다고
자식들 눈 속에서
세상을 떠날 때만이라도
생전 모습으로 남고 싶습니다
행여나,
요양병원에서 하얀 모습으로
사람들 시선 속에서 외면당하는 일 없이
하느님,
하늘로 가는 지름길로 인도해 주십시오
모든 걸 내려놓을 수 있어서
원 없는 사랑도 나눌 수 있어서
언제라도 곁으로 가고 싶습니다
눈뜨는 아침마다
마음속으로 기도를 드립니다

궁핍한 눈빛

보름달 속에 사내가 뜬다
젖은 눈동자로 말을 걸어온다

"사랑할 거라고"

까맣게 덮어버린 하늘에서
흩날리는 소낙비
가을비인 척 어깨에 닿는다

눈인사로
날 웃게 만들어도 어둠 속일 뿐
가슴속에 파고들 수 없거든

보름달 얼굴을 다시 내밀어도
사내는 보이질 않는다

구월 비

구월에 묶어놓은 각선미 소슬바람이 훔친다

불그스레 물들고 있는 볼에 떨어질까 봐
잠재운 바람 껴안고
밑동 근처에도 닿을 수 없이 흩어진다

봄날부터 볕살을 당기는 나뭇가지
바람비 견디며
한 다발 사랑을 받쳐 들고
익어가는 사과향을 먹는다

달구어진 볼을 만지려
수줍은 구월 비
비틀린 몸을 흩날린다

제 3 부

그믐달빛 그늘에 젖다

처진 어깻죽지를 어루만지는
미소한 달빛 그늘이
통통한 배를 스쳐간다
전원 꺼진 포트에 남아있는 따스한 물결이
잔잔하게 파문되어 내려오는 부드러운 겨울밤이다
배꼽 아래 무릎은 붙인 채로
홑이불까지 밀어버려도
미치게 파고든 따스함은 그대로 남아있다
자지러지게 껴안고 싶었는데
창틈 사이로
핑크빛 물든 스산한 바람은 스쳐오고 스쳐간다
등 돌린 그믐달빛에
창밖은 약간 더 까맣게 물들여 있다

나, 다시 그대를 볼 수 있으려나

젖어있는 실눈을 훔치는 햇살
흘러내릴 것 같아
큼직한 눈망울이 덮치고 있지만
햇살은 더 담을 수가 없나 봐

"왜, 그랬어요"
새침한 입술로 말을 걸어온다

"나, 있잖아"
아직도 잊은 적 없는데
왜, 그러느냐고 눈빛으로 전한다

작은 키에 앞가슴이 출렁인다
달콤한 향기로 옷깃을 스미는
봄바람이 내 것이 아니듯
밟고 있는 꽃잎이 울고 있다

벚꽃잎 흩어지는 온천천에서
울먹이는 어깨를 으스러지게 안아줬으면

달빛 없는 하늘
그대 손길 뺨에 와닿았을 건데

반짝이는 실눈
볼우물은 분홍빛으로 타고
짧은 뒷머리로
도톰한 입술로 중얼거리는 그대

나, 다시 그대를 볼 수 있으려나

놓친 휴가

눈에 자주 안개가 낀다
인공눈물 한 방울 떨군다
눈물이 뺨을 탄다

난간을 붙들고
기우뚱거리며 계단을 오른다
무릎은 피아노를 친다

등은 휘어진 지 오래다
머리는 민둥산으로 변하고
잇몸 사이로 고래도 들락거린다

이런 처지를 두고
왜, 먼저 가버렸냐고
외침은 은하계를 맴돌고 있다

휴가,
내가 먼저 가야 하는데

물려받은 의자

청바지에 바람막이를 걸친 그녀
여린 손가락으로 뺨에 앉은
보이지 않는 먼지를 떼고 있다
눈동자에 맺히는 따뜻함이
온몸을 파고든다
땅속에서도 변할 수 없는 사랑이
콧물마저 솜사탕 되어 입술에 흐른다
그녀가 앉았던 의자였지만
지금은 그녀로부터 의자를 빌리고 있다

어른스럽게 자란 아이들 손에 잡혀
봄비 내리는 산길을 돌고 돌아
미카엘 묘원으로 간다
외할머니 곁에서 어깨를 들썩이는 녀석들
봄비는 눈동자를 말갛게 지운다
품에 안겨든 녀석들도
누군가에게 의자를 내어주겠지
펼쳐놓은 우산 위로 빗소리는 커지고 있다

벼랑 끝에도 신神이 있다고

풀러츠스커트는 하늘로 날았다
두꺼운 가슴에 깔린
그녀의 작은 두 손이
뜨겁게 달군 우주 밖으로 밀쳐낸다

"뭐 하는 짓이고, 미친 거냐고?"

벼랑 끝에
익은 고추가 긍적하고 있다
폭풍우에 묻혀버리지 못한 순간이다
비틀고 있는
무녀 가슴이 울먹인다

"어둠이 눈뜨기 전에 도망 가라고"

펄럭이던 오방기 아래
첫날밤은 그렇게 끝났다

시간이 달아난 후

오방기를 다시 보았을 때

오빠야,

나 때문에 지금도 살아 있다고 웃어준다

바람 멍

지하철 해운대역 출구
멈추었던 빗방울 하나, 둘 떨어진다
머리 위로 손가방을 올려놓는다
'우산을 안 가지고 나오셨나 봐요'
돌아보는 순간
바람에 얹혀 오는 나긋한 목소리
장미 향 흩날리며 다가온다
여름을 지우는 옷을 걸친 아가씨
내 머리 위로 하늘 한 귀퉁이를 옮겨놓으며
'양복 위쪽이 젖었어요'
뺨 붉게 타는 나는
손사래 치며 건너편으로 간다
목적지 아닌 곳으로 가면서
뒤돌아보았을 때
새로 단장한 헬스장 건물 앞에서
손을 드는 그녀

서녘 하늘
—인생길

별이 보이지 않는다

돌아가려면
서산 넘어가면 안 되는데
떠밀려오는 저항할 수 없는 힘 때문인지
바람에 얹혀
다시는 볼 수 없는 먼 곳으로
풍선은 아무 것도 남기지 못한다
노을빛 담아두지 못하고
발버둥 쳤을 뿐
뒷걸음으로 멈춤을 잊은 채
뻔하게 익숙한 길을 가면서도
한 번쯤이라도
돌아오는 길 모르고 흘려보내다니
왜 그랬을까?
서산으로 넘어가기 전 알았어도
그랬을 거야
별은 보이지 않는다

붕어 입질

붕어섬이 안개비를 걷어 낸다
봄 햇살에 반짝이는
옥정호 금붕어 한 마리
출렁다리에서 춤을 춘다
강바람에
캉캉 치마가 하늘로 걷어 올린다
금붕어 외마디에
분홍 햄(hem) 팬티는
섬보다 큰 엉덩이를 끌어안는다
달려드는 붕어 입질에
심술궂은 바람이 미친다
다리는 팬티 속에서 출렁거리고
수줍은 하늘을 끌어앉는다

사월의 배꼽

눈 끌어간 벌거벗은 다리
멈출 수밖에 없는 장면이다
봄볕에 팬티까지 벗고 달려드는 여인
보이지 않을 속살을 훑으며
크게 뜬 눈동자는
돋보기를 태우고 배꼽에 머문다
그녀 품에 취한 순간
붉게 태운 앞가슴을 훔친다
청보라 입술에 먹혔던 짧은 시간
떠올리기만 해도
그림 속은 어디든 볼 수 있다
보여주고 싶어 껍질 벗은 맨살
꽃피고 난 후면 어떻고
날개를 달고 싶은 女人이여
그대 때문에 하늘도 파랗게 벗었다

섬사랑

그녀 아랫도리에 젖어 숨 쉬고 있다
깊은 사랑을 할 때
머리까지 물에 젖기도 한다
벗어나려 애쓰지도 않는다
그런데
내 다리에 달라붙어
잠을 잊은 채 춤추는 말미잘 때문에
별자리마저 달아나버린다
섬사랑이란 이런 거라며
소금기에 취해버린 나에게
그녀는 속살을 내준다
말미잘 때문에 쓸쓸하지 않은 것처럼
아마도,
나처럼 사랑에 빠져 있는 걸 거야
아니면,
치마 밑에 달라붙은
나를 걷어차 버렸을 텐데
평생을 붙어살라고 놓아주질 않는다

아르테미스

눈길 닿자마자
화살은 입술을 덮치고
홍시로 변한 앞산을 쓰다듬었다
술잔 속에서 우려낸
내가 취한 장미 향에
아랫도리는 하늘로 솟구쳤다
젖은 불빛 아래 촉감은
널브러진 다리 사이로 흘러들었다
내 눈은 구름을 꾸고 있다

"오빠야,
 벌써 취하면 우짜노"

앞동산에서 메아리쳐온 목소리
돌핀스 팬티에 포개놓은 짧은 다리는
맥주잔을 눈앞에 들이댄다
삼겹살 단맛도 풀어 제친 노래방에서
그녀를 안고
달빛 그늘 속으로 들어선다

업스커트

발 디딜 틈 없는 부산대역 앞 계단
앞줄 가방에 걸려
손에든 책은 흩어지고
하늘 향해 뒤집혀진 치마 끝자락
왼손으로 잡으며 주저앉는다
빨갛게 물들여진 얼굴
눈 깜빡할 순간
새파란 바다 품속
돌 틈 사이로
찰랑이는 파래는 익숙해 있다
바다 냄새가 달려들고
파도 소리까지 등교 시간을 덮친다
뻘겋게 태운 눈동자 속에서
다시 떠올려 웃어본다

7942

겨우내
함박눈 타고 뺨에 앉은 벚꽃 향기

장마철
8월에 귓 속으로 스며든 여린 눈송이 느낌

용광로
속에서 발버둥치는 꽃잠의 울부짖음

너랑 나랑
그때를 만들지 못하고 서편으로 간다

위층 1004호

어둠이 무섭다
위층 오만 평 1004 때문에
천장이 내려앉을까 봐
잘 때 숨 쉴 수가 없다
돌아누워도 가슴은 터지도록 아프다

엘리베이터에서
빨갛게 덧칠한 입술로
보름달 눈빛으로
하품하는 하마 입속으로
잡혀 들어가는 나를 본다
어디가 엉덩이인지 허벅지인지 경계가 없다
바람 없이도 철렁이는 주름치마는
동굴 속으로 빨려들게 한다
태백산 신음으로
땀방울에 젖은 산이 굴러오면서

"안녕하세요,
 요즈음 뵙기가 힘드네요"

뭐라고 답해주어야 하는데
눈앞에 춤추는 반라半裸의 팔등신
산이 내 안에 들어와 있다

외면

전동차가 얼음을 깨면서 온천천을 달린다
푸른색 숏 레깅스를 걸친 비너스
긴장한 허벅지 속으로
바람 한 점 들어오지 못하도록
무릎을 감싼 부츠로 다리를 포개고 앉아있다
솟아오르는 난방 열기 속
돋보기로 훔쳐보는 초점을 당겨봐도
솜털 구름으로 쌓여있다
빨간 캐리어도 한몫하고 있다
눈동자는 가느다란 금테 안경 속에서 깜빡일 뿐
진달래꽃잎이 휴대전화기에 얹혀
차장 너머로 깃털처럼 흩날리고 있다
한 번쯤 눈 마주칠 만한데도
골동품 앞에 관심 없다는 듯
조잘대는 아침 참새들 틈에서
눈 맞추는 것조차 허락지 않을 그녀
어디로 가려고 저러는 건지
부산역 안내방송을 뒤로한 채
전동차는 지나가고 있다

유년 시절

그녀는 무릎 사이 꽃무늬 치마를 두 손으로 모은다
거울 속 뿜어내는 무릎 위 살결은
눈동자 속으로 빨려든다
무얼 보여주려 하는 걸까?
아니면, 무얼 숨기려는 건지
눈 비벼 봐도
거울 뒷면은 아득한 절벽이다
유리창 밖 별빛이 무릎 아래 널브러진
동백꽃 봉오리 푸른 눈물 덮고 있을 뿐
고요가 잠든 시간
벽시계 초침 소리만 들려온다

"계집애야,
 내가 뭘 달라고 했냐"

어느덧 하얀 머릿결로 변했어도
아직도 소녀라고
아직도 소년이라고
멀어져간 꿈속에서 헤매고 있다

폭삭

늦바람쯤 벗을 때가 지났건만
낮은 포복 설레임은
책 속에 젊은 여인을 그려봤지
보내준 시집에서
같은 느낌이라며
여러 번 겉치레로 답해왔다
책 속에는 수정한 얼굴로 앉아 있었으니
아마도 그 얼굴로 알고 있나 봐
은행잎을 밟고 있는 금정로에서
빨간 승용차 멈춘다

"폭삭",
분홍입술연지가 중얼거린다

"수필은 숨을 곳 없어서요"
붙여놓은 쌍꺼풀이
백미러 속에 매달려 있다

잡채밥을 시키는 수필 여인

그는 소주를 시켜놓고
병 속에다 회오리를 만들었다
크게 뜬 눈동자는 쌍꺼풀로 덥히고
술 취한 단무지가 은행잎으로 취한다

하늘로 가는

입술 젖은 여인이 떠나고
정월 초 찾아온 불청객
겨울비 흩어지는 하늘 향하여
콧물도 멈춤을 잊은 채 오르고 있다
아담의 사과는 쉼 없이 빨갛게 타오르고
입술에 묻힌 다디단 맛을 생각하면서
젖은 눈으로 잡은 손가락
저울추보다 무겁다
눈물을 꺾으며 어둠이 날 살피고 있다
막차 떠난
눈앞에는 수평선이 서 있다
태평양으로 갈 수도 없다
그림자는 접은 색종이로 기대어 있다
하늘로 가는 빙판은 푸르게 변하고
가슴에 별이 꽃으로 핀다

제 4 부

8월 해무

뜨겁게 달려든 물결이 가슴까지 올라온 건지
모래언덕은 끝이 없다
침상 뒹굴던 용트림은 어디에 숨겨둘까
허물어진 눈동자를 탓해 본들
눈앞에 모래 둔덕은 어느 새 삼켜버렸다
팬티 끝자락에 걸려있는 빨간 끈
눈길 한 번만 더 갔더라면
손가락 끝에 잡혀있는 동아줄
꿈틀거릴 촉감을 부드럽게 당겼을 거다
해와 달이 뜨고 져도
매몰찬 줄다리기에
속내마저 좁혀진 구름은 아닐 거다
뒷산 빌딩까지 삼켜버린 참새 가슴 때문일까
눈동자만 살아서 움직일 뿐
광안리 해변에서 발을 옮기지 못하고 있을 때
토라진 그녀 모래언덕은
팔월 땡볕살도 삼켜버렸다

그림자 사랑

삼겹살에 얹혀있는 소주 냄새 때문에
뒤척이다 눈을 감은 여름밤
이불을 덮어주는 핏기없는 손길을 타고
사그라져 가는 눈물 한 방울 입술에 닿는다
한 번의 입맞춤도 없었다며
두툼한 아랫입술 깨물며 토라지던 그녀 모습
잠결에도 또렷하게 달려온다
허우적거리며 손 내밀어도 잡히는 게 없다
저만치 떠나버린 그녀
꿈속에서 현실에서도 펼치고 있다
우두커니 서 있지 말고
고개를 들고 빨리 건너가라고 소리친다
뒤돌아봐도 서면 사거리 횡단보도 앞
오가는 발걸음만 보일 뿐
사랑은 그림자도 없다

꽈리고추

힘없이 쪼그려 앉아있다 그런데도
땡초 곁에 있어도 팔려간다
입맛 당기며 순간을 안겨 준다고
분홍빛 입술 중얼거린다
프라이팬에서 춤을 춘 꽈리고추
첫 번째 들어선 입속에서
혓바닥 위아래로
씹혀서 뒹굴고 있다
뱃살 나온 풋고추보다
매워서 어쩔 줄 모르는 땡초보다
손길만 닿으면
어떤 비곗살보다 맛있다고 한다
그녀의 타액선에 얹혀
터널 속을 헤집고 있다

달콤한 눈물

'간지러운데'
아니야,
부드럽다고 했잖아

'그래서'
좋아한다면서
뺨은 왜, 훔치는 거냐고

검푸른 물결을 헤집고
달콤함이
돌고래 등을 타고 하늘 향하고 있다

예전에도
쌍꺼풀 속으로 숨어들었을 때
간지러움은 멈춤을 몰랐다

왜냐고,
눈물은 달콤하니까

손안에 여자

자정까지 함께 있었다
잠든 후에도
그녀 손맛을 느끼려고 곁에 둔다
눈뜬 이른 아침
손바닥에 기록하지 못한 일들이 펼쳐진다
우박을 몰고 온 빗방울 유리창을 때린다
번개까지 퍼붓고
비바람에 놀란 창밖은 눈을 감았다
관심 가져달라고 노한 걸까
불을 밝혀
이 시간 후에 일정을 펼쳐놓는다
운전면허 적성검사 마지막 날이라고
서둘러 문밖을 나선다
겉옷을 새 옷으로 갈아 입히고
깜빡거리는 그녀를 품속에 당긴다

외딴섬

평생
하반신을 푸른 치마폭에 묻혀 산다
어떨 땐,
정수리까지 덮어 쓸 때가 있다
그런데도
한 발자국도 벗어날 수 없다
참사랑
이런 거라고
가운뎃 손가락으로 꼴뚜기질 당해도
푸른 치마폭에 뜬 꽃
나는 섬이다

가슴앓이

달빛 없어도
이글거리는 땡볕에서도
오직,
그대만을 생각하며 다져온
초록빛에 숨겨놓은
붉은 내 마음
깜박이는 내 눈짓으로도
툭, 하고
터질 것 같은 농익은 달콤함
그대는 왜 모르시나요?

파라다이스 온천

해운대 바다는 새 각시 얼굴이다
하늘 내려앉은 솔잎 사이 부는 바람
여인의 손길 되어 뺨을 스치고
안겨주는 사랑에 속삭임은 그칠 줄 모른다
해변을 타고 흐르는 불빛에
젖은 눈동자가 따스함을 삼키고 있다
청자빛 야외 온천에 발 담구고
생맥주 한잔에
비키니들과 함께한 촉감이 길기만 하다
오랫동안
다른 위성에서 살다 온 외계인은 아닌데도
다른 세상에 온 나를 본다
멀게만 느끼는 야외온천탕 속에서
젊은이들 어깨에 기댄 채
바닷속 노을빛에 젖어 든다

사꾸라

연분홍 벚꽃잎 하나 배꼽에 앉는다
어머나,
그녀 입술이잖아
뒷걸음 치다
그녀를 밟고 휘청거린다
바람은 허리를 껴안고 속삭인다
난,
널 사랑하지 않았다고

낮달맞이꽃

기다림에 지쳐
분홍빛으로 입술을 발랐다
보았다면
입맞춤이라도 할 건데
못 본 척,
그냥 지나가 버린다
그럴 수밖에
나를 볼 수 없으니까

보고픔에 지쳐
대낮에
황금색으로 입술을 발랐다
햇살 품에 안겨있다
그대는 없어도
벌 나비가 찾아오잖아
나는
낮달맞이꽃으로 피고

매미 울다

볼우물이 가슴을 삼켜버리고
메아리 닿지 않을 그늘 속으로
가버린 그림자

젖은 눈으로 입술을 깨문다
햇살로 품에 안아도
토라진 엉덩이 흘리며 골목으로 숨는다
뭣이 뒤틀렸길래
몇 번을 고개 저어도 알 길이 없다

"오빠야, 이제는 끝이야"

귓속에서 날갯짓하는 매미
이듬해 여름에도
돌아올 줄 모른다
계절 버린 매미로 태어나
그림자를 기다린다

거리두기

오랜만에 주일 미사에 참례했다
마스크 쓴 벙어리로
피아노 반주는 성가를 대신하고
외면한 채 서로 멀리 떨어져 앉아있다
'마므레 쉼터' 야외에서도 영상 미사를 접한다
시간이 모두를 버렸어도
동대신 성당은
하늘로 향한 동아줄을 잡으려는
나이든 형제자매들 천국이다
눈동자에 갇힌 로사 자매님 모습
돋보기는 콧등에 잠들고
미사포 속 안개꽃으로 반겨준다
바람 한 점 없어도
흔들리는 묵주를 잡고있는 요한 형제님
위령미사 봉헌 속 레지나자매님 승천 소식에
피아노 소리는 뱃고동 울림보다 크게
성호경을 허공에 매달아 놓는다
십자가에 못 박혀 숨 쉬는 걸 멎었어도
혼인 미사를 향하여

장례미사를 접할 때도
동아줄을 잡으려고 영성체를 모시며
두 손 모은 기도를
얼마나 더 목청 높이 지향한다면
사람들 가슴이 가벼워지려나
비껴갈 수 없는 현실 속에서
나무 기둥에 박힌 사랑에 덧칠해본들
달라질 햇살은 어둠에서도
주님 부활이라 부를까
영원한 삶을 믿는다고 외쳐본들
다람쥐는 동물원에 갇혀 돌고 있을 뿐

억동리 동화

함경남도 함주 동천 억동리
풋사과 삶는 냄새는
무쇠솥 뚜껑을 밀치고
탱자나무 울타리 밖으로 날아간다
곱슬머리는 부지갱이 든 손등으로
눈가에 몰려있는 하늘을 품친다
물기젖은 일바지에
아기는 엉덩이를 뭉개고 있다
눈빛은 찡그린 채
짚 더미에 내려놓고 허리를 편다
부엌문 밖
땔나무 얹혀있는 지게는 젖혀있고
인기척에 돌아보니
엉켜있는 냄새를 가슴에 품고 있는
사내와 눈 마주친다

그때 아기는
동화책 한 페이지를 넘겨
억동리 아바이 영혼에 가슴을 묻는다

가버린

바람,
그 녀석도 한 번쯤 멈춰서 뒤돌아본다

뭐가 잘났기에
생각할 순간마저 잊어버리고 사냐고?

그 바람,
깃 속에서 맴돌며 나올 줄 모른다

돌아올 수 없다고 쓰인
그림자 등에는
어둠에 묻힌 눈빛이 어깨에 살며시 기댄다

뒷모습 보이기 싫은 바람에게
젖은 눈 별빛으로
뒤돌아보는
구랍 초입 마다 붉게 목덜미를 적신다

불나방

폭탄주에 허물 거리는 색깔
벌겋게 태운 눈동자
어둠 속 불빛을 걷어내려 애쓰고 있다
조잘거리며 춤추고 있는 불나방
눈길 닿기 전부터
반라에 숨결로 구석구석을 당겼고
지퍼를 뚫고 있는 말초신경은 아파왔다
가슴팍 능금은 찰랑거리고
계곡을 담고 있는 무지개는 다가와
낡은 손수건을 조각내버린다
배춧잎에 손가락은 흐물거리고
황금빛 앞에서 거칠 게 없다
리듬을 격하게 엉켰다
되감아 돌아가는 스크린 속
만리향에 감춰진 그들의 울타리

참새 한 마리

운동장보다 넓은 방에 두개의 침대
참새 한 마리
이 저곳으로 달아난다
쫓고 있는 다람쥐 무릎은 빨갛게 벗겨지고
날개 접은 참새
침대 사이를 훔치던
단내나는 숨결로 헐떡거린다
흩어진 머릿결을 쓰다듬으며 안아준다
초침보다 빠르게 달려드는 울렁대는 가슴
거친 숨결은 파도에 묻혀버리고
덮쳐오는 밀물에
쓸려가는 모습을 잡아본다
앞가슴 들고 올려다보던 참새
저물녘 불빛에 파란 물결이 찰랑인다
유리창 밖 백사장을 쓸고 있는
해운대 파도는 잠을 모른다

팡팡

싸락비 흩어지는 크리스마스이브
부평동 족발 골목
지하로 내려가는 가파른 계단
치마도 보이지 않을 빛나는 다리
두 손으로 가슴을 가리고 있다
오빠야 혼자와도 좋아
지방에서 오셨나 봐
잠바 차림에 청바지 입었잖아
어머나, 베레모 멋있다
싸락비는 그녀 손이 되어 뺨을 어루만진다
온몸 솜사탕이다
오지 않을 하얀 눈보다
특별한 함박눈으로 놀아줄게
마스카라 덮어쓴
소주에 젖은 눈동자 속으로 달려든다
팡팡노래방 불빛이 얼굴을 덮는다
잠바 속 지갑에 손이 머물고
왼손은 청바지 속으로
아직 찾아주는 사람 있다

침실 모나리자

볼우물 당기며 움찔거린다
눈 비비고 다시 본다
뭉툭한 코끝에 콧물 매달려있다
입술이 멍들어있다
지난밤에 눈 마중했는데
왜, 그러냐고
물어봐도 고개 저을 뿐
돋보기 속 이슬 반짝인다
달려드는 햇살에
보는 눈동자에도 따갑게 머물러있다
손등 꼬집어 본다
골방에서 옮겨 달라는 건지
칼바람 때문인지
그게 아니라고, 눈썹 깜박거린다
모나리자를 다시 침실로 옮긴다

희아리

눈두덩 문지르며 콧물 삼킨다
잠깐,
네 품에 안기고파 춤추는 걸 알면서
문자까지 삼키느냐고
어깨 들썩이며
토끼 발로 쌍꺼풀진 눈 쏘아본다
눈밖에 둔 지 오래라는 듯
붉은 눈동자 살얼음판이 깔려있다
한 발도 오지 말라는 으름장이다
조각미 장발 사내는
흔치 않을 볼우물 당기는 입술엔
햇살 태양초가 머물러 있다
잠들지 못한 함치르르한 홍고추
땡볕 살에 뒤척이다 제풀에 지쳐버린다
늦바람은 함치르르한 얼굴
빨간 눈두덩을 스치는 손도 맵다

해설

끝나지 않은 사랑

강영환(시인)

　김원용 시인은 2009년 《문예춘추》로 등단하여 여섯 권의 시집을 상재한 중견 시인이다. 그리고 현재 새부산시인협회 회장을 맡아 문단에도 진심을 더하는 시인이다. 나와의 인연은 등단 후 시집을 시단에 내어놓은 후 자신의 시 창작이론을 정립해 보고자 시 창작교실을 두드리면서 시작되었다. 이제 어느덧 10년이 다 되어 가고 그의 시 창작도 어느 정도 수준에 이르렀다. 그래서 졸업을 권유해도 그런 생각을 갖지 않는다고 일축한다. 3년을 주기로 하는 시 창작이론 수업을 세 번 정도 거쳤음에도 늘 부족함을 느끼는 그는 혼자서는 창작에 계기를 마련할 수 없어 시가 쓰여지지 않는다며 수강을 지속하고 있다. 나이 들면서 다른 취미에도 재미를 붙이기 어렵고 시를 읽고 쓰면서 보내는 시간이 가장 행복하다고 느끼는 그는 다작은 아니라도 삶의 고적감이 묻어나는 시편들로 자신의 독거를 위무하는 것으로 보인다. 사별한 부인을 시에 자주 호출하면서 잘해주지 못하고 홀연히 떠나보낸 일에 대한 안타까움이 그의 시속에 배어 나온다. 그동안 「크산티페」, 「날아다니는 포옹」, 「난분분 바람」, 「그러니까 먼로」 등의 시집에서 사별한 아내를 그리는 애틋한 심정이 녹아있음을 보았다. 이번 시집에도 사별한 아내에 대한 애틋한 정서는 버리지 못하고 있는 것 같다. 진정성이 느껴지는 작품들은 시인의 아픔이 담겨있는 이들 작품에서 꾸밈없는 감정의 진솔함을 만날 수 있기에 눈길이 오래 머물 수밖에 없다.

어쩌면 김원용 시인의 시적 대상이 세상의 모든 여성이 된 이유도 아내에 대한 못다 한 사랑이 남은 탓이라 여겨진다. 홀로 남겨진 이 세상의 독거에서 오는 고적감 혹은 외로움이 아내를 소환하거나 일상에서 만나는 여느 여인 앞에서 아내를 소환하는 일이 빈번한 것이다. 그것은 아마도 살아생전에 잘해주지 못한 아내에 대한 안쓰러움이 다른 여인들을 보더라도 사랑의 감정보다는 사물로서 대하는 모습으로 비춰지는 이유다. 그러기에 시인의 눈에 든 여인은 여자이기보다 일개 사물이 되어 내 주변에 남는 것이다. 그렇기에 홀로 있는 시간에는 곁을 떠난 아내를 소환해 일상에서처럼 대화를 나누곤 한다. 이런 작품들에서 김원용 시인의 진솔성이 묻어나기에 쉽게 공감할 수 있게 된다. 그것을 어찌 아니라고 지워버릴 수 있겠는가?

이런 모습은 미국 영화 '제리 주커' 감독 패트릭 스웨이지, 데미 무어 주연의 '사랑과 영혼'에서 보여주는 티격태격하는 소소한 다툼이 일상에서처럼 펼쳐진다. '세상 어디에 있든 나는 오직 당신을 향합니다' 갑작스러운 사고로 연인 '몰리'의 곁을 떠나게 된 '샘'은 천국으로 향하지 못하고 연인 곁을 맴돈다. 하지만 육체가 없는 '샘'의 존재를 그녀는 알아차리지 못한다. 다른 영혼의 도움을 받게 된 '샘'은 자신만의 방식으로 그녀에게 사랑을 전하고자 한다. 영화의 내용은 남자의 영혼이 살아 있는 연인의 주위를 맴돈다는 것이고 김원용 시인의 시에서는 지상에 남겨진 자신이 천상에 거주하는 아내를 소환하거나 아니면 소소한 일상의 틈새에 아내가 나타나 간섭을 하거나 잔소리를 해대는 모습으로 쌍방 교류가 이뤄져 생전의 알콩달콩한 모습이 재현되고 있음을 느낀다. 이 방법은 김원용 시인이 만들어 가는 공간구조로 삶과 죽음의 분리가 아니라 한 공간임을 보여 주고 있다 할 것이다.

"그때까지 살라고"

싫지 않을 목소리
떠올리기만 해도 가슴에 닿는다
벚꽃 필 무렵에 어디로 간들
내 곁에 머물러준다
연잎이 햇살을 덮을 즈음에
시야는 좁혀와
지하철 탈 때 엘리베이터를 찾는다
갈참나무잎 밟고 옷깃을 세우는
얼음꽃 피는 밤
호랑이 이불에 온몸을 감싼다

꿈결에서도 소주에 물든 입술은
손 흔들며 내뱉은

"다음번 내가 쏠게"
그럴 때마다 고요 속 스며오는

"그때까지 살라고"
앞가슴 튕기며 눈웃음 보낸다

—「고요를 타고 오다」 전문

  평소처럼 벚꽃 필 때 외출을 한다. 어디로 가던 동행이다. 부부는 평소 대화 속에서 자주 하던 말이 있다. '그때까지 살라고?'이다. 미래에 대한 희망을 얘기하면 아내는 말을 가로막고 희망을 꺾는다. 그런 사소한 핀잔이 아픔으로 다가선다. 그러나 그 말은 싫지가 않다. 그런 말이라도 주고받을 수 있었기에 싫지 않은 목소리로 들렸던 것이다. 그 말을 하던 아내는 다른 세상으로 떠나고 자신만이 남아 그때를 누린다. 그 목소리는 벚꽃 필 무렵이면 어디에 가든 동행이다. 넓은 연잎이 햇살을 덮을 즈음 지친 몸이 지하철을 탈 때도 엘리베이터를 찾고 추운 겨울에는 이불에 온몸을 감싸며 견딘다. 꿈결에서도 아내는 찾아와 술에 젖은 입술로 헤어지며 말한다. '다음엔 내가 쏠게' 따뜻한 말을 듣는 순간에 먼저 떠올려지는 말은 '그때까지 살라고'인 것이다. 살아생전에 간섭하지 않고 방임해 주었기에 아내에 대한 애증의 마음이 배가 되었는데 사별한 후에야 챙겨주는 마음을 알고 나니 더더욱 그리움은 더해 오는 것이다. 모든 일상이 아내가 만든 공간 속에서 움직인다. 화자의 삶이 죽은 아내의 손바닥 안이라는 것이다. 그것은 그럴 수밖에 없다. 생전에 다하지 못한 일들이 화자의 발목을 붙들고 있기 때문이다. 어찌 쉽게 벗어날 수 있을까.

  기다리는 알몸이 누워 있다
  숨소리는 귀에 머물러 있는데
  손가락은 움직이지 않는다
  눈빛은 행성을 돌고 나는
  눈 쌓인 마당에서 눈사람을 만든다
  눈썹 아래 눈동자까지 그려 넣고
  입술도 빨갛게 그려 놓았는데
  보이는 건 하얗게 쌓인 눈두덩뿐이다
  웃으면서, 알몸은
  뭘 그렇게 깊게 보고만 있냐고?
  만져보고 싶으면 따뜻한 손으로
  물이 될 때까지 떼지 말고
  옷이라도 걸쳐두고 싶으면
  눈으로만 말고 손으로 가져가라고
  점점 더 충혈되어 보이지 않는다
  나는 눈사람 머릿속에서 헤매고

─「눈사람」 전문

시적 화자는 눈 내리는 날 마당에서 눈사람을 만든다. 눈사람은 알몸으로 누워 있다. 눈동자도 그려 넣고 입술도 그려 놓았는데 화자에게 보이는 건 하얀 눈두덩뿐이다. 그때 눈사람은 나를 떠난 연인이 되어 말을 붙여온다. 만져보고 싶으면 만지라고 만져보고 싶으면 옷이라도 걸쳐 주라고 요구한다. 그리고 눈으로만 보지 말고 손으로 가져가라고 요구를 한다. 그렇게 나는 눈사람을 만들고 그 눈사람은 나에게 어떤 관계를 요구하기에 이른다. 보기만 하는 눈사람은 결국에는 나의 눈이 충혈되어 보이지 않게 되었을 때 내가 만든 눈사람 머릿속을 헤매기에 이르른다. 눈빛이 행성을 돈다는 말은 나의 생각이 머무는 하늘에 사랑하는 이가 존재한다는 상징을 한다. 상상 속에서 눈사람이 가진 영혼 속으로 내가 들어 눈사람의 영혼 속을 헤맨다는 생각을 이끌어내고 있다.

이는 프로이드가 말한 '예술이란 일종의 독특한 방법으로 쾌락원칙과 현실원칙을 화해시켜 새로운 현실을 형성한다'는 의미에 부합된다. 그렇게 함으로써 '양떼들의 풀밭에 고래가 간다'든가 '바다 밑 제비집에 사슴이 알을 낳고'와 같은 추상이 만들어질 수가 있다. 김원용 시인의 시는 영혼에 사로잡혀 있는 남겨진 독거의 일상을 깊은 내면으로 처절하게 짚어가고 있는 모습을 보여 준다.

그녀 엉덩이보다 잘 익은
누렁 호박 담을 넘어왔다
꽃필 무렵부터

이웃집 사랑방을 기웃거렸다
흔들리는 앞동산 들고 웃어주던 호박꽃
갈라진 엉덩이와 함께
누렇게 달아오른 채 뒤틀고 있다
엉덩이가 전부인 그녀가
들큼한 냄새를 밀치며
탱탱한 오줌발로
가마솥 뚜껑을 밀쳐내려 힘쓴다
간밤에 입술 깨물며
달려들던 누렁 엉덩이
무쇠솥 안에서 끓고 있다

—「누렁탱이 호박」 전문

잘 익은 누렁 호박이 담을 넘어왔다. 이 호박은 꽃이 필 때부터 이웃집 사랑방을 기웃거렸다. 이 호박은 앞동산(아마도 젖가슴의 비유)을 들고 웃어주던 호박꽃이었고 갈라진 엉덩이와 함께 누렇게 달아오른 몸을 뒤틀고 있다. 이 호박은 다시 영혼의 세계로 이어지면서 들큼한 냄새를 밀어내며 가마솥 뚜껑을 밀어내려 힘쓴다. 다시 현실이다. 간밤에 입술 깨물며 덤벼들던 누런 엉덩이가 무쇠솥 안에서 끓고 있는 상황을 전개한다. 이 작품에서 호박은 여인을 비유한다. 여인은 현실의 여인과 환상 속의 여인으로 이어진다. 시간과 공간을 넘나드는 관음증적인 상상력이 지탱하는 현실과 영혼의 세계는 김원용 시인에게는 포기할 수 없는 행복의 공간이다. 그런 상상만으로도 행복을 느낀다.

  김원용 시인의 작품에는 아내에 대한 그리움을 그린 작품만 있는 것은 아니다. 시인의 작품 속에는 현실에 대한 깊은 통찰과 함께 이웃의 아픔도 짚어보는 공동체적 삶의 의미도 담고 있음을 발견할 수 있다.

  (가) 얼굴 곳곳에 붙어있는 낡은 빨래판
       다름질해도 젊음을 되찾을 수 없다 해도
       웬, 걱정 아닌 걱정을 하랴
       보름달보다 훤한
       딸기 맛 사랑이 있다는 걸
       가슴에 숨겨 놓았잖아
       모르는 사람 있으면 어때
       그 사람도 이런 내 마음 알고 있잖아

―「거울」 뒷부분

  (나) 작품 속에 손톱까지 숨겨 놓은 채
       뒷짐 지고 있으면서
       시인들은 어둠에서 나오지 않는다
       양반인 척 수염 없는 턱을 만지고 있다

―「강의실 선풍기」 부분

  (다) 동아줄을 잡으려고 영성체를 모시며
       두 손 모은 기도를

얼마나 더 목청 높이 지향한다면
사람들 가슴이 가벼워지려나

—「거리두기」 부분

 (가) 작품에서 화자는 주름살투성이가 된 얼굴을 거울 속으로 들여다본다. 다름질해도 젊음은 되돌릴 수가 없다. 그러나 그 일은 걱정하지 않는다. 보름달보다 훤하고 딸기 맛 같은 달콤한 사랑을 가슴 속에 숨겨 놓고 있기 때문이다. 그 사실을 모르는 사람이 있으면 어떤가? 그 사람도 이런 마음을 알고 있다는 것이다. 이런 어긋난 사랑에 잴 수 없는 부채 의식을 통해 시적 화자는 끊임없이 소환당하며 혹은 간섭받으며 삶을 영위하고 있다. 이런 소환이나 간섭이야말로 김원용 시인이 일상을 버텨내는 힘이 된다는 것이다.

 (나) 작품은 강의실에서 공부하는 사람들의 각기 다른 모습에 대한 풀이다. 사람들은 같을수가 없다. 생각이 다르고 보는 눈이 다르다. 점잖은 체 있어도 속내는 알 수 없다. 그들이 만든 작품도 생각과는 달리 추하기도 하고 엉뚱발랄하기도 하다는 것을 시사하고 있으며,

 (다) 작품에서는 장례미사에 참여한 형재자매들도 생각은 늘 다르다는 걸 말하고 있다. 고인의 명복을 빌어야 할 자리에서 자신의 축복이나 자신의 영생을 꿈꾸는 이중적인 태도를 갖는 현실 모습이다. 잘못된 생각이나 불합리한 현실에 대해서도 좌시하지 않는 시 정신을 갖고 있음을 보여 준다.

온천장역 육교
싸락비 흩날리며 운다
깡통 의자에 앉은 고사리가 고사리를 챙긴다
손등에 얹힌 산모퉁이
손안에 구겨놓은 푸른 돈 한 장
등 꾸부린 할머니와 고사리
누구를 팔고 있는지
구석진 바닥에 뭉개진 까만 비닐봉지
육교 아래 두 팔 벌린다

"몽땅 갖고 가이소, 아지매"

고사리, 허리를 펴고 흔든다

—「육교에 고사리」 전문

  사람들 발길이 잦은 퇴근길 육교 위에 할머니 한 분이 고사리를 팔고 있다. 싸락비가 펄펄 날리는 추운 겨울이다. 허리 구부러진 할머니는 고사리와 같은 모습이다. 그래서 고사리가 고사리를 판다라고 말하는 것이다. 할머니 손등에는 고사리를 꺾어온 산모퉁이가 앉아 있다. 묵은 세월이나 고생한 흔적이다. 고사리를 팔았는지 손안에는 푸른 지폐가 들려 있다. 할머니는 고사리를 팔고 있지만 자신을 팔고 있는 것처럼 화자는 느낀다. 바닥에 구겨진 검은 비닐봉지는 육교 아래를 지나는 사람을 기다리며 두 팔을 펼쳐 고사리를 사가라고 외치는 것같다. 할머니는 떨이를 외친다. '몽땅 갖고 가이소, 아지매' 육교를 지나던 화자인 아지매는 할머니의 고사리를 떨이해 가져간다. 고사리가 허리를 펴고 흔든다는 건 할머니가 일을 마치고 일어서는 모습이다. 육교 위에서 고사리를 파는 노인을 발견하는 시선은 얼마나 따뜻한가. 그냥 지나칠 수 있는 흔한 주변의 풍경이지만 그 속에서 삶의 따뜻한 모습을 발견해 낸다. 그속에서 허리 구부러진 노인과 고사리를 연결 지워 생각하는 위트를 보여주며 따뜻한 시적 화자를 만들어 낸다. 이 작품은 시인이 가져야 할 태도와 시선은 항상 약자의 편이며 상식의 편이며 정의의 편이라는 의미를 되새기게 하는 따뜻한 작품이다.

눈에 자주 안개가 낀다
인공눈물 한 방울 떨군다
눈물이 뺨을 탄다
난간을 붙들고
기우뚱거리며 계단을 오른다
무릎은 피아노를 친다

등은 휘어진 지 오래다
머리는 민둥산으로 변하고
잇몸 사이로 고래도 들락거린다

이런 처지를 두고
왜, 먼저 가버렸냐고
외침은 은하계를 맴돌고 있다

휴가,
내가 먼저 가야 하는데

—「놓친 휴가」 전문

　나이가 들에 이제 눈에도 자주 안개가 껴서 인공눈물을 넣는다. 눈물이 뺨을 타고 흐른다. 인공눈물이기도 하고 실제 흘리는 눈물이기도 하다. 눈물의 실체를 교묘히 감추기 위해 인공 눈물을 등장시켰다. 무릎뼈가 아파서 계단도 난간을 붙들지 않으면 오를 수가 없고 무릎이 피아노 소리를 내고 있다. 등은 휘어지고 머리카락은 빠져 머리는 민둥산이 된다. 잇몸이 약해져 이빨 사이가 벌어져 고래도 들락거릴 정도가 되었다. 이런 처지인 나를 팽개치고 그대는 왜 먼저 휴가를 가버렸느냐고 외쳐 댄다. 그 외침은 은하계를 맴돈다. 그럴 거면 내가 먼저 휴가를 떠나야 하는 건데 그대를 먼저 휴가를 보낸 일이 너무 후회스럽다는 것이 이 시의 내용이다. 시적 화자에게 의탁하여 먼저 떠난 이에게 하고 싶은 솔직한 마음을 전한다. 나를 남겨두고 휴가를 먼저 떠난 사람에게 원망 아닌 투정이기도 한다. 죽음을 휴가에 빗대 발상이 낯설다.

키 낮은 구두 엉덩이 흔들며 지나간다
고개 저으며
크게 뜬 눈을 문지른다
곱슬머리에 쟈스민 향

하늘 닳도록 지나도 묻혀버릴 수 없는 모습
앞으로 달려가 본다
걷힌 안개 속
쌍꺼풀 없는 여인이 낯선 표정이다

'실눈이잖아'

에고,
이러다 돌아버리겠다
이젠 벗어날 때도 지났잖아
왜,
다람쥐 쳇바퀴 도냐고
뒷덜미를 잡아당기는 눈총에 뒤돌아본다
하늘이 내려 앉아있다

—「낯선 표정」 전문

 누구나 일상에서 흔히 만날 수 있는 장면이다. 길을 가는데 앞서서 키 낮은 구두에 큰 엉덩이를 흔들며 앞서가는 여인이 있다. 그 모습은 화자의 가슴에 묻어둔 여인의 모습과도 닮아 있어 머리는 아닐 것이라고 흔들면서도 눈을 비비고 다시금 바라본다. 곱슬머리에 자스민 향은 생전의 그녀가 간직한 모습이어서 하늘 닳아 없어질 때까지 잊을 수 없는 모습과 같다. 그래서 걸음을 빨리해 앞으로 추월해서 그녀의 얼굴을 확인해 본다. 아니나 다를까 안개가 걷혀버린 그녀 모습은 쌍꺼풀이 없는 낯선 여인이다. 그런데 중요한 것은 그 여인이 실눈이라는 것이다. 화자의 가슴 속에 남아 있는 사랑했던 여인의 눈매도 실눈을 가지고 있었다. 그래서 실눈을 잊지 못하고 있는데 공교롭게도 그 낯선 여인도 실눈을 하고 있다. 가슴 속 여인이 나의 일거수일투족을 묶어두고 나를 옭아맨다. 그래서 미쳐버리겠다는 푸념이 터져 나온다. 하늘에 있는 그녀가 그만큼 여러 해가 지났으면 벗어날 때도 되었건만 아직도 다람쥐 쳇바퀴를 돌듯 실눈에 곱슬머리의 환상에 사로잡혀 벗어나지를 못하고 있음을 질책한다. 그 질책이 따가워 다시 고개를 돌려 돌아보니 낯선 여인의 얼굴에 그녀가 겹쳐 보여서 하늘이 내려앉은 것이다. 영혼에 사로잡혀 있는 시적 화자의 일상이 환영에서 벗어나지 못함을 보여 주는 작품이다. 이렇듯 하늘에 있는 그녀가 지상의 현실을 간섭하고 통제하고 그러면서 점차 서쪽으로 가고 있는 자신을 발견해낸다.

눈이 닿은 수평선에서 시작한 미소
강물 위 울림으로 속삭인다
어디로 흘러가느냐고
속내 물어보면 어떻게 답하느냐
끝은 보이지 않잖아
비바람 몰아쳐도 손잡고 흐를 뿐
강가에 장미꽃
입술에 쌓인 연분홍빛이
빨갛게 익은 향기로 강물 밝히고 있다
날 데려가라고

강물은 모른 척 흘러간다
햇살은 저만치 서산으로 갈 뿐
꽃은 시들어도 다시 필 거야

―「장미꽃 옆 강물」 전문

  바닷가에서 처음 만나 함께 수평선을 바라보면서 미소가 싹 텄다. 미소를 주고받을 수 있다는 의미는 서로가 마음을 주고받을 수 있게 되었다는 의미다. 그렇게 시작한 사랑이 익어간다. 강물은 세월의 상징으로 쓰인다. 여러 해 나누던 마음은 어디로 흘러가느냐고 속내 묻지 않아도 답은 정해져 있다. 보이지 않는 끝까지 흘러가고 싶은 마음뿐이다. 그 흐르는 강물 같은 세월 속에서 연분홍 장미꽃이 강물 옆에 피었고, 빨갛게 익은 장미꽃 향기가 강물을 밝혀 준다. 사랑은 그렇다. 온갖 시련이 닥쳐도 손잡고 함께 흘러가는 강물이면 된다는 의미다. 강가에 핀 장미꽃은 사랑을 은유한다. 화자가 말하고 싶은 것은 강물 옆의 장미꽃이다. 살며 흐르는 인생사에서 사랑만큼 필요한 것도 없다. 사랑은 비록 강물처럼 흘러가는 시간 곁에 있지만 그 시간 속에는 사랑이 있어야 아름다운 것이다. 세월 따라 흘러가며 익어온 사랑은 입술에 빛나는 연분홍색으로 드디어 사랑은 빨갛게 익은 향기가 되어 강물을 밝히더라도 강물에 휩쓸려 들지 않고 묵묵히 자신의 사랑을 간직할 뿐이다. 서산으로 넘어가는 해가 장미꽃을 가져가도 장미는 다시 때가 되면 피어 강물 곁에 있을 것이다. 사랑은 영원하며 흐르는 세월 속에는 항시 사랑이 있다는 삶이 지닌 의미를 윤회라는 불교 철학이 녹아있다.

> 지하철 해운대역 출구
> 멈추었던 빗방울 하나, 둘 떨어진다
> 머리 위로 손가방을 올려놓는다
> '우산을 안 가지고 나오셨나 봐요'
> 돌아보는 순간
> 바람에 얹혀 오는 나긋한 목소리
> 장미 향 흩날리며 다가온다
> 여름을 지우는 옷을 걸친 아가씨
> 내 머리 위로 하늘 한 귀퉁이를 옮겨놓으며
> '양복 위쪽이 젖었어요'
> 뺨 붉게 타는 나는
> 손사래 치며 건너편으로 간다
> 목적지 아닌 곳으로 가면서
> 뒤돌아보았을 때
> 새로 단장한 헬스장 건물 앞에서
> 손을 드는 그녀

―「바람 멍」 전문

우산을 가지고 나오지 않은 날 갑자기 비를 맞고 있을 때 지하철 입구에서 우산을 씌워 주던 여인에 대한 소회를 담고 있는 작품이다. 흔히 있을 수 있는 일상이다. 이 작품에서는 실눈이나 곱슬머리 여인의 그림자는 비치지 않는다. 그런데도 은연중에 느끼는 정서는 어디에선가 그녀가 등장할 것 같은 환상을 버리지 못하게 한다. 그것은 이 시가 주고 있는 느낌일 것이다. 지하철 해운대역 출구에 섰을 때 빗방울이 하나 둘 떨어진다. 우산이 없어 손가방을 머리 위에 올려 놓는다. 바람에 얹혀오는 나긋한 목소리가 있다. 돌아보니 그녀에게서 장미향이 풍겨 온다. 그녀는 여름을 지우는 옷을 걸치고 있다. 아마도 노출이 심한 옷이었을 것이다. 그 여인이 나의 머리 위로 하늘 한 귀퉁이를 갖다 놓으며 양복 위쪽이 다 젖었다고 우산을 씌어준 일에 합리화를 한다. 화자는 부끄러움이 밀려와 손사래를 치며 길 건너로 피해간다. 가야 할 목적지와는 상관없는 방향으로 가면서 돌아보았을 때 그녀는 새로 단장한 헬스장 건물 앞에서 손을 들어 보이고 있다는 상황을 보여 준다. 이 시는 아내의 영혼으로부터 자유롭기에 충분히 주목해 볼 만하다. 그런데도 '완전히'라는 말을 덧붙이지 못하는 것은 '뺨 붉게 타는 나는/손사래 치며 건너편으로 간다/목적지 아닌 곳으로 가면서'라는 행에서 숨어 있는 영혼의 모습이 언 듯 비쳐 보이기 때문이다. 왜 목적지 아닌 곳으로 갔을까? 거기에 화자의 짠한 우울감이 숨어있다. 김원용 시인이 갖고있는 영혼의 굴레에서 벗어나는 일이 그의 시를 한 차원 높여가는 지름길이 될 수 있음을 이 시를 통해 엿볼 수 있음이다. 떠난 사람을 보내주지 않고 끼고 사는 일은 떠난 사람에게 숱한 미련이 남아 있기 때문일 것이다. 남은 사람의 마음에 남은 그림자는 떠난자가 지은 것이 아니라 남은 자가 스스로 지은 것이다. 남아 있는 사람이 보내지 못한 영혼을 붙들고 있음으로하여 위안을 찾고 현실에서 자신의 삶을 가다듬을 수 있는 생각을 하고 있다는 것을 알 수 있다. 김원용 시인의 작품에서 형상화가 잘 된 작품들을 꼽자면 바로 이런 모습을 한 작품들이다. 그 생각이 지배하는 마음에 늘 부담을 갖고 있어 더더욱 생각의 깊이가 깊어지고 표현에 솔직한 모습을 갖게 한다. 보내야 할 사람을 보내지 못하고 붙들고 있음은 이승에서 새롭게 삶의 지평을 열어가는 것이 행복으로 가는 지름길임을 알면서도 실천에 옮기지 못함은 그만큼 떠나보낸 이에 대한 사랑이 깊었음을 말하는 것이리라. 시인에게는 어려운 과제일 수 있겠으나 더 나은 삶과 폭넓은 정신세계를 위해서는 어쩔 수 없는 사자와의 결별이 요구된다. 이것도 해설자의 독단적인 생각이다. 시는 정답이 없는 것이 답이다. 시인이 찾아가는 영혼과의 조우가 어쩌면 그에게 가져다 주는 행복의 크기가 더 클 수도 있다는 생각이다. 본인의 선택에 달려있다. 김원용 시인의 여섯 번째 시집 상재를 축하드린다.